Inhalt

Agrarchemie - Branche hofft auf steigende Nachfrage zu Beginn der Pflanzenschutzsaison

Kernthesen

Beitrag

Fallbeispiele

Zahlen und Fakten

Weiterführende Literatur

Impressum

GENIOS BranchenWissen Nr. 03/2011 vom 25.03.2011

Agrarchemie - Branche hofft auf steigende Nachfrage zu Beginn der Pflanzenschutzsaison

A.Schneider

Kernthesen

- Der weltweite Markt für landwirtschaftlichen Pflanzenschutz ist 2010 kaum gewachsen. Nun hofft die Agrarchemiebranche auf einen Nachfragezuwachs.
- Am Weltmarkt für Pflanzenschutzmittel hat Deutschland einen Anteil von rund zehn Prozent.
- Die wichtigsten, global agierenden Anbieter

im Markt für Pflanzenschutz, Düngemittel und Saatgut sind Syngenta, Bayer Crop Science, BASF, Monsanto, Dow und DuPont.
- In Europa hat die konventionelle Pflanzenschutzchemie noch Vorrang. Weltweit werden zunehmend biotechnologische Lösungen für Saatgut eingesetzt.

Beitrag

Agrarchemie hofft auf mehr Nachfrage

Die Agrarchemiebranche hofft auf einen Nachfragezuwachs im laufenden Jahr. Zuletzt lag das Marktvolumen bei rund 1,3 Milliarden Euro Umsatz und war zwei Jahre in Folge rückläufig. Jetzt geht beispielsweise Bayer Crop Science davon aus, dass der gesamte deutsche Pflanzenschutzmarkt zwischen vier und acht Prozent zulegt, und der Hersteller K+S rechnet mit einer steigenden Nachfrage nach Düngemitteln. Die Nachfrageschwäche ist kein deutsches Phänomen. Der weltweite Markt für landwirtschaftlichen Pflanzenschutz ist 2010 kaum gewachsen. Die Nachfrage ist rückläufig und Nachahmerprodukte erzeugen Preisdruck. Nach einem schwierigen Jahr 2010 hoffen die Hersteller nun auf bessere Marktbedingungen, die ihnen ein Umsatzwachstum im mittleren einstelligen Prozentbereich und ein überproportionales Ergebniswachstum bescheren. (1), (2), (3)

Pflanzenschutz

Beim Pflanzenschutz sollen Pflanzen vor Schädlingen, Krankheiten und Unkrautkonkurrenten geschützt werden. Herbizide bekämpfen Unkraut, Fungizide helfen gegen Pilzkrankheiten, Insektizide schützen vor Insekten, gegen Schnecken wirken Molluskizide, gegen Milben Akarizide und gegen Mäuse und Ratten Rodentizide. Die Mittel werden eingesetzt von Landwirten, Gärtnereien, Gartenbaubetrieben und Hobbygärtnern. Auf dem Markt sind zahlreiche chemisch oder biologisch hergestellte Produkte.

Im Jahr 2009 erzielten die Mitgliedsunternehmen des Industrieverband Agrar einen Nettoinlandsumsatz von circa 1,3 Milliarden Euro. Der Industrieverband Agrar e. V. (IVA) mit Sitz in Frankfurt am Main vertritt die Interessen der agrochemischen Industrie in Deutschland. Zu den Geschäftsfeldern der 51 Mitgliedsunternehmen gehören Pflanzenschutz, Pflanzenernährung, Schädlingsbekämpfung und

Biotechnologie. (4)

Bayer erwartet in der diesjährigen Pflanzenschutzsaison Zuwächse bei Mitteln für Getreide, Mais, Zuckerrüben und Raps. Da im vergangenen Herbst wegen später Erntearbeiten und unsicheren Wetters die Getreidefelder in vielen Fällen nicht mehr mit Herbiziden behandelt werden konnten, müssen diese Maßnahmen in diesem Frühjahr nachgeholt werden. Dies sollte sich auf die Frühjahrsnachfrage positiv auswirken, so hoffen die Hersteller. (5)

Pflanzenernährung

Bei der Pflanzenernährung sollen Düngemittel dem Boden die Nährstoffe zurückgeben, die ihm durch intensive Nutzung entzogen werden. Denn um die Nahrungsmittelproduktion zu steigern, müssen Landwirte Ackerflächen effizient nutzen und höhere Flächenerträge erzielen. Zum Düngen können organische Dünger wie Mist, Gülle und Klärschlamm oder industriell erzeugte Mineraldünger verwendet werden (z.B. Stickstoff-, Phosphat-, Kali-, Kalkdünger). Im Industrieverband Agrar e. V. (IVA) sind 13 Unternehmen der Düngemittelindustrie zusammengeschlossen. Der Jahresumsatz der deutschen Düngemittelindustrie beträgt rund zwei Milliarden Euro im Jahr (Stand 2009). (6)

Konsolidierter Weltmarkt

Der Weltmarkt für Pflanzenschutzmittel umfasst rund 27 Milliarden Euro (Stand 2009). Die ersten chemischen Pflanzenschutzmittel wurden in Deutschland bereits 1892 entwickelt. Heute hat Deutschland einen Weltmarktanteil von rund zehn Prozent. Die Exportquote für Pflanzenschutzmittel liegt bei über 60 Prozent. Unter den Anbietern fand seit 1990 ein Konsolidierungsprozess statt. Es sind heute global nur noch sechs Unternehmen tätig: die deutschen Unternehmen BASF und Bayer Crop Science, der Schweizer Anbieter Syngenta und die amerikanischen Hersteller Monsanto, Dupont und Dow Chemical. Sie machen über 80 Prozent des weltweiten Umsatzes mit Pflanzenschutzmitteln. Bei BASF macht das Geschäft mit der Agrarchemie (Agricultural Solutions) nur rund sieben Prozent des Umsatzes aus. Beim Bayer-Konzern trägt der Geschäftsbereich Crop Science rund 20 Prozent zum Umsatz bei. Darüber hinaus sind eine ganze Reihe kleiner- und mittelständischer deutscher Anbieter in der Agrarchemie tätig. (7), (8), [Abb. 1], [Abb. 2]

Die Neuordnung im deutschen Markt geht noch weiter. Die Merck KGaA will sich im Unternehmensbereich Chemie auf die Life-Science-Branche konzentrieren und verkauft daher das Crop BioScience Geschäft an den dänischen Anbieter

Novozymes A/S. Auch im Düngemittelmarkt stehen Veränderungen an. Die BASF SE, Ludwigshafen, will einen Großteil ihrer Stickstoffkapazitäten verkaufen und sich daher von den Produktionsanlagen im belgischen Antwerpen sowie vom fünfzigprozentigen BASF-Anteil am Joint Venture PEC-Rhin im französischen Ottmarsheim trennen. Diese Aktivitäten haben eine Jahreskapazität von rund 2,5 Millionen Tonnen Düngemitteln und betragen weniger als ein Prozent des Umsatzes der BASF-Gruppe. Die K+S AG, Kassel, sondiert eine Übernahme der Düngemittelsparte. Seinerseits will sich K+S auf die Kerngeschäfte Düngemittel und Salz konzentrieren und sucht deshalb einen Käufer für Compo. (9), (10)

Gensaatgut weltweit im Vormarsch

Die Forschung und Entwicklung arbeitet an innovativen Lösungen für den Pflanzenschutz. Die neuen Wirkstoffe sollen umweltfreundlich sein, eine geringe Ökotoxikologie haben, Bienen-ungefährlich sein, bereits bestehende Resistenzen von Schädlingen überwinden können, die benötigten Mengen sollen sinken, das Abbau- und Rückstandsverhalten optimiert werden. Die Pflanzen sollen stressresistenter werden (z. B. Trockenheit besser aushalten). Ein wichtiges Ziel ist die Ertragssteigerung. So ist beispielsweise Weizen die Getreidefläche mit der größten Anbaufläche weltweit, doch die Produktivität wächst langsamer als der Bedarf. (11)

Weltweit gesehen werden zunehmend biotechnologische Lösungen entwickelt und eingesetzt, so etwa beim Saatgut für Baumwolle, Raps, Reis und Gemüse, auch bei Soja und Weizen.

Die Anbaufläche für gentechnisch veränderte Pflanzen wurde weltweit im Jahr 2010 erneut ausgeweitet. Sie stieg um zehn Prozent auf rund 148 Millionen Hektar. Den stärksten absoluten Zuwachs verzeichnete Brasilien, das nach den USA die größte Anbaufläche für gentechnisch optimierte Nutzpflanzen ausweist. Rund 15,4 Millionen Bauern (2009: 14 Millionen) in 29 Ländern setzten im vergangenen Jahr gentechnisch optimiertes Saatgut ein. (12)

Vor allem im US-amerikanischen Saatgutmarkt beträgt der Anteil an genverändertem Saatgut (vor allem bei Mais, Soja und Baumwolle) nahezu 90 Prozent. Der Markt für Saatgut hat ein Volumen von rund 11 Milliarden Dollar und rangiert damit vor dem Pflanzenschutz mit rund acht Milliarden Dollar. Genpflanzen sind resistenter und immuner gegen diverse Mittel und Schädlinge und benötigen daher weniger Pflanzenschutzmittel. In Europa hat die konventionelle Chemie noch Vorrang. Hier ist der Saatgutmarkt mit 6 Milliarden Dollar nur halb so groß wie das Pflanzenschutzgeschäft. In Lateinamerika werden mit Saatgut rund 2,5 Milliarden Dollar umgesetzt, und damit nur ein Viertel so viel wie mit Pflanzenschutzmitteln. (13)

Trends

Beim Pflanzenschutz werden sich die klassische Chemie und die Biotechnologie immer mehr ergänzen. In der Forschung und Entwicklung setzt beispielsweise Syngenta bereits jetzt auf die Kombination von Genetik einschließlich der Biotechnologie und klassischer Chemie. Bayer Crop Science sieht einen neuen Trend in der gezielten Entwicklung von Pflanzenschutzmitteln zur Erhöhung der Widerstandsfähigkeit von Pflanzen gegenüber abiotischen Stressfaktoren, zur Steigerung des Ertragspotenzials sowie zur Optimierung der Lebensmittelqualität.

Fallbeispiele

Der Schweizer Anbieter **Syngenta**, nach eigenen Angaben Weltmarktführer im Pflanzenschutz und auf Rang 3 im Saatgutsegment, stellt sich strategisch und organisatorisch neu auf. Bisher macht das Pflanzenschutzgeschäft gut zwanzig Prozent der Unternehmensaktivitäten aus, das Saatgut nur neun Prozent. Doch das soll sich ändern, da der Saatgutmarkt inzwischen schneller wächst als der Markt für Pflanzenschutz. Syngenta will hier Marktanteile hinzugewinnen. Insgesamt besetzt das Unternehmen nach eigenen Angaben derzeit einen Anteil von 15 Prozent im weltweiten Pflanzenschutz- und Saatgutgeschäft. Nun werden die Unternehmenssparten Pflanzenschutz und Saatgut zusammengeführt, um die etablierten Vertriebskanäle für beide Geschäftsbereiche zu nutzen. Im vergangenen Geschäftsjahr 2010 konnte das Unternehmen sowohl im Pflanzenschutz- als auch im Saatgutgeschäft wachsen. Der Umsatz stieg nach Angaben von Syngenta 2010 bei konstanten Wechselkursen um 4 Prozent auf 11,6 Milliarden US-Dollar. Mit dem Verkauf an Pflanzenschutzmitteln erzielte Syngenta 8,9 Milliarden US-Dollar, ein Plus von drei Prozent; der Saatgutumsatz ist um acht Prozent auf 2,8 Milliarden US-Dollar angewachsen. Auch für 2011 erwartet Syngenta, dass die Absatzmengen zulegen. Syngenta hat im deutschen Pflanzenschutzmarkt einen Anteil von circa zwanzig Prozent. Mit neuen Produkten will Syngenta seine Position ausbauen. So werden mit Axial Komplett und Traxos zwei neue Herbizide eingeführt, im Herbst sollen das Rapsfungizid Toprex und 2012 das

Getreidefungizid Bontima hinzukommen. Bis zu 200 Millionen Dollar zusätzlichen Umsatz verspricht sich Syngenta aus der amerikanischen Marktzulassung für Enogen, einen gentechnisch veränderten Mais, der Ethanolproduzenten die Erhöhung ihrer Produktivität ermöglicht. (13), (14), (15), (16)

Bayer Crop Science will im herkömmlichen Pflanzenschutzgeschäft mit neuen Produkten punkten. So soll beispielsweise ein Fungizid mit dem Wirkstoff Fluopyram noch 2011 auf den Markt gebracht werden; es verbessert die Haltbarkeit und Lagerfähigkeit der Ernteprodukte. Ein gutes Geschäft kalkuliert Bayer Crop Science bei seinen neuen Getreidefungiziden mit dem Wirkstoff Bixafen. Die Produkte Input, Aviator und im nächsten Jahr Skyway Xpro sollen einen neuen Standard in der Fungizidbehandlung im Getreide setzen und Mehrerträge bis zu zehn Prozent erbringen. Mit dem Wirkstoff Penflufen soll ab 2012 Saatgut in Sojabohnen, Mais, Kartoffeln, Reis oder Getreide behandelt werden. Vielversprechendes Wachstumspotenzial sieht auch Bayer in der Entwicklung von Saatgut und Kulturpflanzen mit gentechnisch veränderten Eigenschaften und stellt entsprechende Budgets für Forschung und Entwicklung bereit. Neben Baumwolle, Raps, Reis und Gemüse will Bayer CropScience neue Weizen- und Sojasorten entwickeln, die gegen Herbizide und

Insekten resistent sind. (11), (17)

Die BASF SE, Ludwigshafen, ist mit dem Pflanzenschutzgeschäft 2010 zufrieden und zuversichtlich für das laufende Jahr. Bis 2020 wollen **BASF Plant Science** und **Bayer CropScience** einen Reis auf den Markt bringen, der bis zu zehn Prozent mehr Ertrag bringt als herkömmlich. Dazu wollen sie gemeinsam Hybrid-Reissaatgut entwickeln und vermarkten. Beide Unternehmen erläuterten, die weltweite Reisproduktion liege gegenwärtig bei rund 685 Millionen Tonnen im Jahr. Schätzungen des International Rice Research Institute (IRRI) zufolge müssten pro Jahr zusätzlich bis zu zehn Millionen Tonnen Reis erzeugt werden, um die Nahrungsmittelversorgung sicherzustellen. (18), (19), (20)

Die **K+S AG** (Umsatz 2010: 4,99 Milliarden Euro) präsentierte für das abgelaufene Geschäftsjahr einen deutlichen Umsatz- und Ergebnisanstieg. Die Geschäftsbereiche Kali- und Magnesiumprodukte, Stickstoffdüngemittel und Salz konnten sich gut entwickeln. Kali- und Magnesiumprodukte sowie Stickstoffdüngemittel tragen 65 Prozent zum Umsatz bei; der Rest entfällt auf das Salzgeschäft, in dem K+S Weltmarktführer ist. Der Kasseler Anbieter von Standard- und Spezialdüngemitteln will von der weltweit steigenden Nachfrage nach Kalidüngemitteln profitieren. Dieses Ziel verfolgt die

Akquisition der kanadischen Kaliexplorationsgesellschaft Potash One. Der Konzern erwägt auch, den Kaliabbau in Deutschland an den stillgelegten Standorten Bergwerk Siegfried Giesen in Niedersachsen und Bergwerk Roßleben in Thüringen wieder aufzunehmen. (2)

Zahlen & Fakten

Abbildung 1: Agrarchemie-Umsätze der Marktführer

	Umsatz im Jahr 2010
Marktführer Deutschland:	
Bayer Crop Science	6,83 Milliarden Euro
BASF Agricultural Solutions	4,0 Milliarden Euro
Marktführer Welt:	
Syngenta	11,64 Milliarden US-Dollar
Monsanto	10,5 Milliarden US-Dollar

Quelle: Webseiten der Unternehmen zu Jahresabschlüssen 2010 Entnommen aus: GBI-Genios eigene Recherchen

Abbildung 2: Gut verteilt

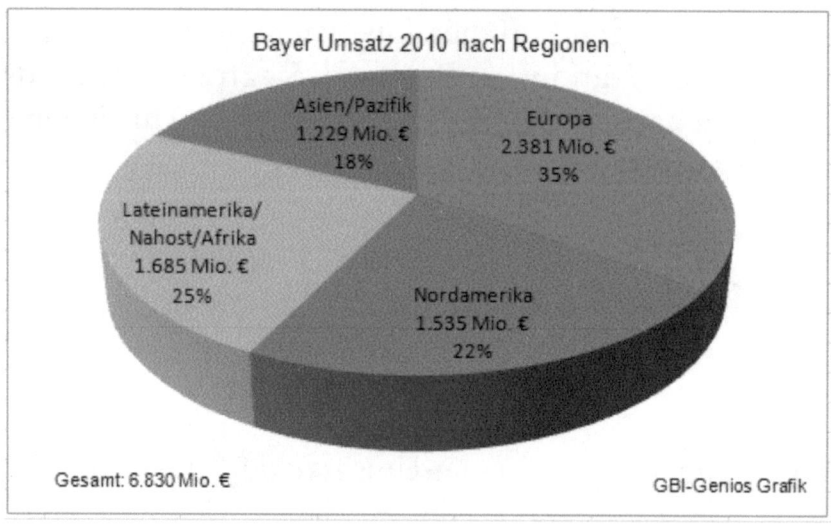

Quelle: Bayer Konzernabschluss 2010

Entnommen aus: Bayer Crop Science Kennzahlen (21)

Weiterführende Literatur

(1) Neue Produkte beflügeln
aus agrarzeitung 09 vom 04.03.2011 Seite 006

(2) K+S kann mit Gewinnsprung aufwarten, positiver Ausblick
aus agrarzeitung 09 vom 04.03.2011 Seite 006

(3) Bayer hinterlässt gemischte Gefühle

aus Finanz und Wirtschaft vom 02.03.2011, Seite 26

(4) Die Pflanzenschutzindustrie: Mit Kompetenz an die Spitze
aus Finanz und Wirtschaft vom 02.03.2011, Seite 26

(5) Plus bei Herbiziden
aus agrarzeitung 07 vom 18.02.2011 Seite 017

(6) Pflanzenernährung - Fester Bestandteil einer nachhaltigen Landwirtschaft
aus agrarzeitung 07 vom 18.02.2011 Seite 017

(7) Mitgliedsunternehmen
aus agrarzeitung 07 vom 18.02.2011 Seite 017

(8) Ausser mit Nebenwerten lässt sich das Thema Agrar in Deutschland auch mit Large Caps spielen....
aus Finanz und Wirtschaft vom 02.02.2011, Seite 32

(9) Merck verkauft Crop BioScience an Novozymes
aus CHEManager 1-2/2011

(10) Konzerne bündeln ihre Kräfte
aus agrarzeitung 09 vom 04.03.2011 Seite 005

(11) "Die richtige Balance ist entscheidend"
aus agrarzeitung 07 vom 18.02.2011 Seite 020

(12) Grüne Biotechnologie weiter auf Wachstumskurs vom 24.02.2011
aus agrarzeitung 07 vom 18.02.2011 Seite 020

(13) Syngenta wird offensiver
aus Finanz und Wirtschaft vom 12.02.2011, Seite 19

(14) Sparen und umbauen
aus agrarzeitung 06 vom 11.02.2011 Seite 007

(15) "Die Zeichen stehen auf Wachstum"
aus agrarzeitung 49 vom 10.12.2010 Seite 006

(16) Syngenta erster Output-Trait für Ethanol-Industrie vom USDA zugelassen
aus agrarzeitung 49 vom 10.12.2010 Seite 006

(17) Bayer setzt auf Bioscience
aus agrarzeitung 49 vom 10.12.2010 Seite 007

(18) BASF verdient glänzend
aus agrarzeitung 08 vom 25.02.2011 Seite 006

(19) <Bayer CropScience Aktiengesellschaft> 5330177137 <BASF SE> 7150000030 <BASF Plant Science GmbH> 7150109895
aus <Industrie> IND

(20) Bayer CropScience und BASF Plant Science entwickeln ertragreicheren Reis
aus Agra-Europe (AgE), 51. Jahrgang Nr. 51 vom 20.12.2010

(21) Bayer Crop Science Kennzahlen 2010
aus Agra-Europe (AgE), 51. Jahrgang Nr. 51 vom 20.12.2010

Impressum

Agrarchemie - Branche hofft auf steigende Nachfrage zu Beginn der Pflanzenschutzsaison

Bibliografische Information der deutschen Nationalbibliothek

Die Deutsche Nationalbibliothek verzeichnet diese Publikation in der deutschen Nationalbibliografie; detaillierte bibliografische Daten sind im Internet über http://dnb.d-nb.de abrufbar.

ISBN: 978-3-7379-2264-7

© 2015 GBI-Genios Deutsche Wirtschaftsdatenbank GmbH, Freischützstraße 96, 81927 München, www.genios.de

Alle Rechte vorbehalten. Dieses Werk ist einschließlich aller seiner Teile – z.B. Texte, Tabellen und Grafiken - urheberrechtlich geschützt. Jede Verwertung außerhalb der Grenzen des Urheberrechtsgesetzes bedarf der vorherigen Zustimmung des Verlags. Dies gilt insbesondere auch für auszugsweise Nachdrucke, fotomechanische

Vervielfältigungen (Fotokopie/Mikroskopie), Übersetzungen, Auswertungen durch Datenbanken oder ähnliche Einrichtungen und die Einspeicherung und Verarbeitung in elektronischen Systemen.